もち
(@__mo_chi)

見たまんま作れる!

もちの
おえかき
レシピ

JN086194

マガジンハウス

コンビニに行くよりカンタンな
自炊のはじめかた

寮暮らしの
わたしのキッチン

部屋に
コンロ、水場 ありません。
（みんなで共用）

かんたんな 調理
（のせるだけ）はここで。

水切り
カゴ

冷蔵庫

こんにちは、もちです。

この本は、千切りやみじん切りが技術的にも精神的にもできないOLが、

楽・安い・ヘルシー＞おいしい＞＞見た目

という優先順位で考えた、ハードルがとても低いレシピ本です。

もちろん、時間があるときにこだわって料理するのは楽しいしおいしい。
でも、私たちの毎日は、ただ食べるだけではなく、
献立を決めて、買い物をして、食材の下ごしらえをして、
焼いたり煮たりして、やっと食べるのは一瞬。食べ終わったら
洗いものをする……という長い旅路がセットになっています。

しかも食べるためだけに生きているのではないので、
食べ終わってまったりしていると、そろそろお風呂に入らなきゃ
と考えるし、遅く帰ってヘトヘトの日はえびの背ワタ抜きなんてせず、

とにかく手軽に食べて、明日のために早く寝たい！

この本はそんな気持ちで気楽に作ってもらえるよう、
写真にイラストを描いて、直感的に「できそう感」を表現しました。

実際、フルタイムで働きながら自炊するのに必死な
私のインスタグラム（@＿＿mo_chi）から生まれたものなので、
きっとみなさんの生活にも馴染むところがあるかなと思っています。
それでは、肩の力を抜いて、棚から取り出したフライパンは一旦戻して、
冷凍ごはんをチンしながらでもご覧ください。

もち

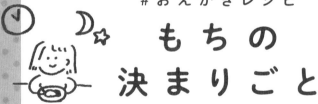

もちの決まりごと

イラスト入りだから見たまんま作れる!

使う材料がすべて写真の上に描かれているので、必要なものがすぐわかります。そしてほとんどのレシピが、器に入れたらチンするか和えるだけ! 遅く帰ってヘトヘトな日でも作れるはず。

600w 9分くらい

火は使わない。簡単なレンジ調理ばかり!

「何火で焼くんだっけ」「ずっとフライパン見てないと……」。私のような料理初心者がなるべく失敗しないために、フライパンは使いません。平日の自炊は電子レンジでほったらかし!

洗いものが面倒だから、食器も道具も最小限!!

せっかく作っておいしく食べていても、横目にチラつくのは狭いシンクに積み重なった洗いもの。食べ終わったらサッと洗って早く寝れるように、少ない器や道具で完結させます。

自炊費は月5000円〜。節約したい人にもぴったり

かさのある野菜を積極的に食べ、肉は少なめだから、平日の食材費は1日100円台で収まることも。一人暮らしと家族がいる人ではボリュームなど違いもありますが、材料費を少しでも節約する参考にしてみてください。

野菜たっぷりでヘルシー!遅く帰っても罪悪感なし

残業した日の遅めのごはんでも、サラダやスープをたっぷり食べるから満腹!おかずやご飯ものもなるべく野菜を入れて具だくさんに。カロリーを意識することで、私は10kgヤセることができました!(詳しくはP42へ)

ちいさなキッチンの
スタメンたち

SNSで「千切りできないゆとりOL」と自ら名乗っていますが、
本当に細かい作業が技術的にも精神的にも苦手です…。
料理の小さな悩みを解決してくれる道具はこちら。
早く作れたり、洗いものの手間が減ったり、
ちいさなキッチンを有効活用するために欠かせません。

ズボラのお悩み解決グッズ

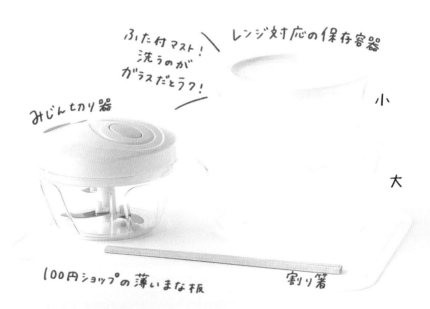

ふた付マスト！
洗うのが
ガラスだとラク！

レンジ対応の保存容器

小

大

みじん切り器

100円ショップの薄いまな板

割り箸

これだけあればいい食器

¥490　無印良品　白磁丼
直径 13.5cm
高さ 7cm

¥79　IKEA　OFTAST
サイドプレート
19cm

深めのおわん 中
スープ、サラダ

20cmくらいのお皿
肉、魚、おやつ

¥350　¥150　無印良品

13cm

無印良品

19cm

スプーン
小
大

深めのおわん 小
ヨーグルト、副菜

¥110
Natural kitchen
直径 12cm 高さ 6.5cm

21cm　¥690　おはし
無印良品

保存容器のまま食べちゃう日もあるけど、
これだけあれば、最低限の食事はどうにかなっています！
丈夫さと飽きないデザイン、割っても同じものがすぐ買えるのが基準。
シンプルな白い器はどんな料理にも合います。

調味料 1 軍

サラダやスープ、ちょっとした簡単おかずを作るのに、
これらがあればほぼ作れるスタメン調味料です。
一人暮らしには、小さめサイズが使い切るのにちょうどいい!

「スーパーの小さいサイズも
使い切れない!」
という人は
100均の調味料が
小さくておすすめです!

① しょうゆ		⑥ みりん	
② 塩		⑦ ごま油	
③ こしょう		⑧ オリーブオイル	
④ 砂糖		⑨ マヨネーズ	
⑤ 料理酒		⑩ 味噌	

あったらうれしい
2軍 調味料

登場頻度は下がるけど、
これでしか作れない味があって、
食の楽しみを広げてくれます。

- ⑪ めんつゆ
- ⑫ 酢
- ⑬ ポン酢
- ⑭ ケチャップ
- ⑮ にんにく／
  しょうがチューブ
- ⑯ ハーブソルト
- ⑰ カレー粉
- ⑱ バター

だし三兄弟

これでだいたいの味が
決まるので、頼りになります。
溶けやすい顆粒タイプが便利。

- ⑲ コンソメ
- ⑳ 鶏ガラスープの素
- ㉑ 和風だし

洋　　中　　　　和

和洋中 あれば スープは 攻略 できる

contents

Mon

レンチン◎　炊飯器×　トースター×　オーブン×

1 クタクタでもできる！ **時短ベストレシピ**

Tue

レンチン○　炊飯器×　トースター○　オーブン×

2 ごはんがすすむ！！ **ガッツリおかず**

◇◇◇◇◇◇◇◇◇◇◇◇◇◇◇◇◇◇ **レシピのルール** ◇◇◇◇◇◇◇◇◇◇◇◇◇◇◇◇◇◇

材　料 材料は基本1〜2人分の表記ですが、スイーツや作りおきなどは作りやすい量になっています。また、切り方を省略している箇所は自由なので、お好みの大きさにしてください。

調味料 しょうゆ=濃口しょうゆ、塩=精製塩、めんつゆ=2倍濃縮、バター=有塩のものを使用しています。

材料費 材料費は調味料を除き、全国スーパーの小売価格(2020年5月時点)を元に編集部で算出しています。SNS公開時と異なることがあります。

電子レンジ 600Wを使用しています。加熱の際は、必ずレンジ対応の耐熱容器に入れてください。またメーカーや機種によって異なるので、様子を見て加減するようにしてください。とくに、豆腐や豆乳、汁気のあるもの、油分の多いものは突沸等注意すること。

計　量 大さじ1は15ml、小さじ1は5ml、1カップは200mlです。

買いに行くより
早いかも!?

1

クタクタでもできる！

時短
ベストレシピ

レンチン◎ 炊飯器× トースター× オーブン×

なんとなく疲れやすい週の始まり。
「自炊する余裕なんてない…」と
惣菜やお弁当に手をのばす前に、
ヘトヘト度90％でも作れるものだけを紹介。
パパッと作って食べて、今日は早く眠れますように！

とにかく
早く寝れる〜！

さっとレンチンで
いただきます。

今日も遅くまで、おつかれさまでした。
この章では、ほぼ何も考えずに作れるレシピを紹介します。
着替えたりお風呂に入る間にチンするだけ。
冷蔵庫を開けてすぐできるものもあります。

卵

スーパーやコンビニですぐ買えて、冷蔵庫に常備しやすい人気食材。朝食だけでなく、スープやパスタ、おかずに大活躍！ 栄養価もあって安いコスパも魅力。みんな好きな、卵かけごはんのアイデアも紹介します。

豆乳

ヘルシーでまろやかなおいしさで、ドリンクとしても欠かせない豆乳。牛乳の代用としてほぼ使え、お菓子作りにも。私のレシピでは、スープのベースや、めんつゆに混ぜてコクをアップするのに使うことが多いです。

豆腐

ふるふるっとした食感がたまらない豆腐は、小さい3連パックを買っています。サラダや麺にのせてかさ増ししたり、自由にトッピングするとうれしい一品に。1パック75kcalとヘルシーさも手放せない理由。

1秒も炒めないのに、味は本格派!!

レンジでけっこう おいしいチャーハン

ごま油
小さじ1

しょうゆ
小さじ1

卵1コ

ご飯
おわん1杯

好きな具
ハム、
ネギなど

鶏がらスープの素
小さじ1

仕上げに
塩こしょうすこし

家のチャーハンはこれで○○。
腹ペコで帰ってきた日の救世主レシピです。

作り方

1 耐熱の器にすべての材料を入れて混ぜる。

2 ふんわりラップをし、レンジ(600W)で1分加熱する。

3 さらに混ぜ、ラップをしないで1分30秒加熱する。

1人分

¥69
470 kcal

Q ほかにおすすめの具はありますか?
A カニカマや鮭フレークを入れてもおいしいです。

 混ぜて ふわっとラップ
↓
混ぜて ラップなし

やみつき！何度でも作りたい！

レンジでとろとろ カルボナーラ

耐熱容器

ハム or ベーコン 2枚

半分に折った パスタ 100g

水 250ml

コンソメ 小さじ1

オリーブオイル 小さじ2

にんにくチューブ 2cm

塩 ふたつまみ

卵 1コ

粉チーズ 大さじ2

黒こしょう

レンジ後入れて混ぜる

仕上げの卵と粉チーズ混ぜで、
生クリームなしでも濃厚な感動パスタ。

作り方

1 耐熱の器にパスタと調味料と具を入れて混ぜる。

2 ラップをしないで、レンジ（600W）で9分加熱する。

3 卵と粉チーズ、黒こしょうを入れてよく混ぜる。

1人分
¥104
657 kcal

Q 麺が固まっちゃうときは？

A 面倒でなければ加熱途中に混ぜて。また容器に入れた後、少し置いてからチンするとムラができにくいです。

ラップなし

ゆで時間 +3分くらい

17

ネギの香りとほのかな辛味が広がる

ネギメシ

最後にかける
ごま油
小さじ1

青ネギ大さじ3

酒　小さじ1

鶏がらスープの素
小さじ1

黒こしょう

ご飯

ちょっとレンチンすることで、ネギの強さがマイルドに。
焼き肉屋さんの気分になれるのっけ飯。

作り方

1 耐熱の器にネギと調味料を入れ、レンジ
（600W）で30秒加熱する。

2 あたたかいご飯に1をのせ、ごま油とこしょうを
かける。

1人分
¥48
262 kcal

青ネギは冷凍のものや、
カットされているのが便利。

天かすのアクセントと旨味が最高！

お茶漬けのおにぎり

お茶漬けの素 1袋

あたたかい
ご飯
どんぶり
1杯くらい

"お茶漬け"の気分じゃない日にオススメ。
悪魔的なおいしさを少しだけ味わえます！

作り方

1 あたたかいご飯に、お茶漬けの素を
　よく混ぜる。

2 好みの大きさににぎる。

ミニ4個分

¥82

412 kcal

小さい頃、母がよく
作ってくれた思い出の味。

ミニ おにぎり

 x 4つくらいできます

どうしようもない日の卵かけごはん

卵
1コ

しょうゆ
小さじ
1くらい

ごま油
小さじ1くらい

あたたかい
ご飯
好きなだけ

白いご飯に卵を割り落として、調味料をひと垂らし……
レシピというほどではないけれど、
ごま油が新しいTKGワールドを切りひらく！

1人分
¥46
320 kcal

作り方

1 あたたかいご飯に、卵を割り落とす。

2 調味料をかけて、かき混ぜる。

リズミカルに混ぜる
動きが楽しい。

塩とごま油の卵かけごはん

卵かけごはん中〜上級編。
しょうゆをかけない贅沢さ!
ごま油が好きな人に◎

作り方

1 あたたかいご飯に、卵を割り落とす。

2 調味料をかけて、かき混ぜる。

金芽米は玄米より食べやすい!

1人分
¥46
316 kcal

GP
1コ

ごま油
小さじ1

金芽米
ふつうの
ご飯でOK

塩
すこし

さっぱりと濃厚を
両方味わえちゃう

おかかのうまみ卵かけごはん

簡単なひと手間で、
ずぼら飯がうれしくなる!
ねこまんま的TKGです

作り方

1 あたたかいご飯に、卵を割り落とす。

2 調味料をかけて、かき混ぜる。

青のりや一味を追加するとリッチTKGに〜

1人分
¥46
301 kcal

GP
1コ

たっぷり
かつお節

ご飯

しょうゆ
小さじ1
くらい

かつお節はた〜っぷり
好きなだけ!

これは誰がどう食べても、あの味……！

小麦粉なし！
レンジで作る！ **お好み焼き風**

卵1コ

薄切り豚肉
2〜3枚
上からのせる

和風だし
小さじ1

仕上げに
お好み
ソース

マヨネーズ
小さじ2

マヨネーズ

かつお節

カット野菜の
細切りキャベツ80g

あれば青のり

小麦粉を使わずヘルシーだから、
気軽にお好み焼きを食べたいときにぜひ〜。

作り方

1 器に豚肉以外の材料をすべて混ぜ、耐熱の皿に広げる。

2 豚肉をのせ、ふんわりラップをし、レンジ（600W）
で6分加熱する。

3 好みでソースやマヨネーズ、かつお節をかける。

1枚分
¥157
380 kcal

マヨを控えめにすれば
カロリーオフ!!

混ぜて
耐熱皿に
のせる

ふわっと
ラップ

きっと1玉でも食べれてしまう!!
永遠のレタス

Cookpad オリンタさん
1428846 参考

はまる!レタスが丸々
食べれちゃう
サラダ♪

1/3の分量で
作りました

いりごま
好きなだけ

鶏がら
スープの素
小さじ 2/3

レモン汁
小さじ 2

にんにくチューブ
1~2cm

ごま油 小さじ 2

レタス
3~4枚

おなかがすいた! 今ならいくらでも食べられる!
というときは、この永遠レタスを作って
お腹と心を落ち着かせる……。

1人分

¥39
79 kcal

作り方

1 器にすべての調味料を合わせておく。

2 食べやすくちぎったレタスを1に混ぜる。

さっぱり加減は、
レモン汁でお好きに〜!

D. お湯そそぐだけ
たまごスープ

鍋を使いません。
お湯を沸かしている間、
準備をすれば即完成!

作り方

1 器にすべての材料を入れ、よく混ぜる。

2 お湯を注ぐ。

ゆっくり注げば
かき玉風に♪

はるさめ
豆腐
とか足しても◎

1人分
¥18
81 kcal

✓ しょうが
たっぷり

だし
鶏がらスープ
or しょうゆ

ぽか
ぽか

✓ 卵1つ

ふわトロ!
最短スープレシピ

レンジで
90秒!
まろやか
豆乳スープ

クリーミーであったまる!
豆乳の甘みを味わえます。
朝食のおともにもおすすめ。

作り方

1 深めの耐熱の器にすべての材料を入れる。

2 ラップをしないで、レンジ(600W)で1分30秒加熱する。

きのこ ベーコン
入れるときは、レンジ3分 くらいで

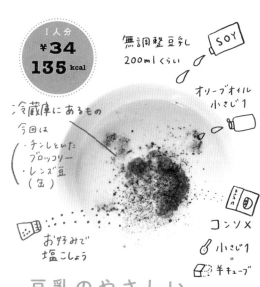

1人分
¥34
135 kcal

無調整豆乳
200mlくらい SOY

オリーブオイル
小さじ1

冷蔵庫にあるもの
今回は
・チンしといた
ブロッコリー
・レンズ豆
(缶)

コンソメ

小さじ1
半キューブ

お好みで
塩こしょう

豆乳のやさしい
風味に癒やされる

レンジで
あったか湯豆腐

豆腐のおいしさが際立つ！
薬味を変えれば、
飽きずに楽しめます。

作り方

1 深めの耐熱の器に豆腐を
入れ、ふんわりラップをし、
レンジ（600W）で2分加熱する。

2 調味料をかける。

豆腐は
高さのある器で
加熱すること。

ラップして

1人分
¥27
103 kcal

レンジ
おわったら

ぽん酢
大さじ1
しょうが
豆腐
小1パック

小さじ1/2

寒い季節の
あったか副菜

しょうゆや
かつお節でも
おいしい〜！

塩昆布とごま油の
じゅんわり豆腐

のせるだけのずぼらレシピ。
冷蔵庫からさっと出せば、
小腹を満たしてくれます。

作り方

器に豆腐をあけ、塩昆布と
ごま油をかける。

1人分
¥45
198 kcal

ごま油
ひとまわし
じゅわ〜

塩昆布
ふたつまみ
バサッ

豆腐
小1パック

スピード系
豆腐メニュー

月5000円で自炊生活してます

見切り品キムチ

平日 朝,昼,夜
休日 朝

とうふLOVE

木綿

淡路島

朝ごはん～

信州☆チカラ

2袋100円!!

生野菜

スープ用野菜

1か月の自炊にかけたお金を計算したところ4431円でした!
含まれるのは、「毎日の朝ごはん」「平日の昼ごはん」
「平日の夜ごはん」(週末や休日の外食費は含まない)。
お弁当のお米や朝食のオートミールも考えると5000円くらい。
(調味料やお肉を買って8000円くらいになる月もあります!)
節約になっているポイントは……

・週1ペースで、生野菜、スープ用野菜、豆腐、キムチ、
　ヨーグルトなど、安くて栄養のある食材を買うのが基本
・肉はできるだけ買わずに、外食でがっつり食べる
・業務スーパーや、特売の多いスーパーを使う
・お腹を満たした状態でスーパーに行ってムダ買い防止
・最近買いすぎている気がしたら、家計簿アプリで振り返る

でも大事なのは、自炊しているだけで節約できているということ
です。削りすぎて、しんどくならないようにしてくださいね。

鶏や豚、挽き肉で
安くておいしい!

2

ごはんがすすむ!!

がっつり
おかず

レンチン○ 炊飯器× トースター○ オーブン×

食べるだけで元気をもらえるのが、
肉や魚などのごちそうおかず。
手間もお金もなるべくかけない方法で作れ、
ご飯がとまらなくなってしまう13品。
今夜のメインにいかがですか?

野菜もがっつり
食べる!

包丁不要！カサ増しでもりもり頬張れるうれしさ…

とりあえず豚もやし

レンジ後

もやし 1袋

青ネギ少々

薄切り
豚肉

いつもは3枚
元気なければ4枚
もやしの上に
広げてのせる

ポン酢
大さじ2

ごま油
小さじ2

塩こしょう
ひとつまみ

好きな
ドレッシングでも
きっとおいしい

もやしのシャキシャキ感に肉の旨味と脂がからむ！
腹ペコの日は、肉増しでどうぞ〜。

作り方

1 耐熱の器にもやし→豚肉の順にのせ、
塩こしょうをふる。

2 ふんわりラップをし、レンジ（600W）で6分加熱する。

3 ネギをのせ、ポン酢とごま油をかける。

1〜2人分

¥174

222 kcal

もやし1袋でも、チンで
かさが減るからペロリ。

ふんわり
ラップ

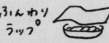

肉に火が通るまで

自宅でエスニック気分を味わえる！

魅惑のタンドリーチキン

鶏もも肉 200g
一口サイズに切る

プレーンヨーグルト 大さじ2

ケチャップ 大さじ1

オリーブオイル 大さじ1

塩こしょう 少々

カレー粉 小さじ2

しょうがチューブ 小さじ1

カレー屋さんで出てきそうな
チキンはいかが？ご飯に
オンザライスしたい濃厚おかずNo.1です。

作り方

1 ポリ袋にすべての材料を入れてよくもみ、
冷蔵庫で30分～おく。

2 耐熱の器に1を入れ、ふんわりラップをして
レンジ（600W）で5分加熱し、5分おく。

1～2人分

¥**200**
681 kcal

Q 鶏ムネでもいいですか!?
A もちろん！魚の切り身もオススメです♪

冷蔵庫で
1日晩漬けるの
おすすめ♪

甘辛〜い和風だれがしみしみでウマい!!

レンチン調理だから、誰でも失敗なし。
少しのお酢で、むね肉がやわらかく仕上がります。

1〜2人分

¥142

714 kcal

やみつき鶏ムネチャーシュー

しょうゆ 大さじ2

酒 大さじ2

みりん 大さじ1

酢 大さじ1

1 鶏肉はフォークで穴を開ける。耐熱の器にすべての材料を入れ、冷蔵庫で30分～おく。

2 ふんわりラップをし、レンジ（600W）で2分半加熱し、裏返してさらに3分加熱し、5分おく。

鶏肉が厚いと火が通りにくいので、そぐようにして切り開いて。

すぐ食べてもいいけど
数時間置いても
染みておいしい…!

砂糖
大さじ1

鶏ムネ肉
250g

皮を下にして
冷蔵庫に
漬け置く

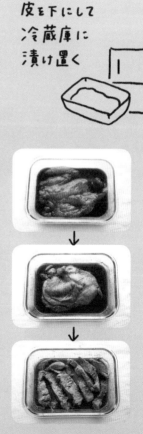

ごろごろ野菜 そぼろ煮

しょうゆ 大さじ1

酒
大さじ1

砂糖
大さじ1

片栗粉
小さじ1

水
大さじ3

合挽き肉
70g

ごろごろ野菜
200～300gくらい
これはカブ2つですが
**大根, かぼちゃ,
じゃがいも** でもきっとおいしい

ワンボウルで完結するから、洗い物はこれだけ。
肉のおいしい汁を吸ってくれた根菜が主役！

作り方

1 耐熱の器に挽き肉と調味料を入れて混ぜ、
野菜をのせる。

2 ふんわりラップをし、レンジ（600W）で8分
加熱して混ぜる。

1～2人分
¥**104**
288 kcal

合挽きじゃなくても、
鶏でも豚でもおいしい。

よく
混ぜたら
完成

粗熱がとれるまで
冷ますと味が染みます〜

じゅわシャキ肉のっけレンコン焼き

レンコン 小2コ（200gくらい）

 1cmくらいの厚みで切る

 水に10分さらしておく

肉だね

ポリ袋で混ぜるのおすすめ

- 合挽き肉 100g
- 片栗粉 大さじ1
- 酒 大さじ1
- しょうゆ 小さじ1
- しょうがチューブ 小さじ1
- 塩こしょう 少し

仕上げに
しょうゆたらリ

あればネギ

つくねをものすごく簡単にして、野菜も摂れるように考えました。
トースターなので、レンチンが混雑しているときにも。

作り方

1 ホイルの上にレンコンをおき、混ぜた
肉だねとネギをのせる。

2 トースターで10分〜加熱し、
しょうゆをかける。

1〜2人分

¥ **193**
420 kcal

Q レンコンを水にさらすのはなぜ？
A アク抜きで色止めできて、ホックリ仕上がります！

アルミは
くっつかない
タイプおすすめ

すき焼き"風"豆腐としらたき煮

各大さじ1

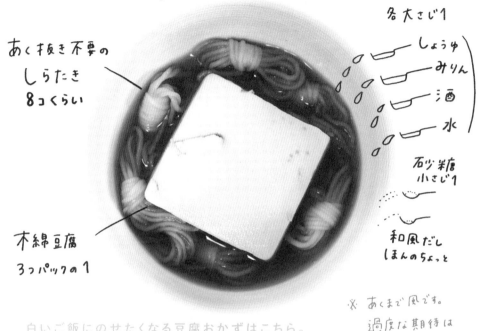

あく抜き不要の
しらたき
8コくらい

木綿豆腐
3つパックの1

しょうゆ
みりん
酒
水

砂糖
小さじ1

和風だし
ほんのちょっと

※ あくまで風です。
過度な期待は
しないでね。

白いご飯にのせたくなる豆腐おかずはこちら。
肉や卵は、お財布と相談してみてください。

---

1 耐熱の器にすべての材料を入れる。
2 ふんわりラップをし、レンジ（600W）で
　3分加熱する。

1〜2人分
¥**122**
177 kcal

Q しらたき結ぶのめんどう…
A 「小結しらたき」が売ってるので探してみて。

レンジでしみしみ 筑前煮

深めの耐熱容器に

鶏モモ肉 200g

アク抜き済を買う
こんにゃく
110g

にんじん
1本

洗って水にさらして
アク抜きした
ごぼう
1/2本

食材は
厚み 1cm以下くらいで
うすく、小さく切る

しょうゆ
大さじ2

みりん
大さじ2

酒
大さじ1

砂糖 小さじ2

レンチンなのに、味がよくしみた本格的なおいしさ!
お弁当のおかずや作りおき(日持ち3〜5日)にもおすすめ。

2〜3人分

¥318
764 kcal

作り方

1 耐熱の器にすべての材料を入れる。

2 ふんわりラップをし、レンジ(600W)で
7分加熱し、混ぜてさらに5分加熱し、
冷めるまでおく。

よく混ぜる、冷ます

なんとなく料理上手になった
気分を味わえるひと品。

玉ねぎたっぷり豚キムチ

豚バラ肉 100g

キムチ 100g

薄切り玉ねぎ 1/2 個

しょうゆ大さじ1

砂糖 小さじ1

レンジ後からめる ごま油 小さじ1

豚肉、キムチ、玉ねぎの3つだけ。
フライパンなしで炒め物風ができちゃいます。

作り方

1 耐熱の器にすべての材料を入れる。

2 ふんわりラップをし、レンジ（600W）で5分30秒加熱する。

1～2人分
¥264
537 kcal

ごま油を最後にかけるのが
おいしさのルール！

割引を見つけたら作ると決めている

あまりの刺身を
アレンジ〜！ オーバーナイト 刺身漬け

Tue

2

ご飯がすすむ!!　ガッツリおかず

めんつゆ or
しょうゆ2：みりん1

大さじ
3杯

大さじ
1杯

酒

好きな
刺身

今回は、はまち!!

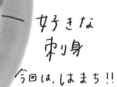

しょうが
白ゴマ、ネギなど
足してもおいしい。

ふつうの刺身に飽きたら、ねっとり濃厚な簡単ヅケ風！
マグロやカツオでも最高です。

作り方

器にすべての材料を入れて、
冷蔵庫でひと晩おく。

ご飯にのせても、
サラダにのせてもおいしい。

1人分

¥310

259 kcal

冷蔵庫に入れて
おやすみなさい〜

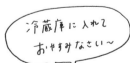

レンジで
ふわふわ キッシュ風

今回の具
- ほうれん草 1株
- 薄切り玉ねぎ 小1
- マッシュルーム 4コ
- ハム 2枚

卵液
- 卵 2コ
- 牛乳 80ml（豆乳）
- 塩コショウ
- マヨネーズ 小さじ2

チンした具に
- 卵液
- ちぎったとろけるチーズ 2枚（40g）

レンチンでフワトロ食感のお手軽キッシュです。
ちなみにグルテンフリー仕様だからそこそこヘルシー。

作り方

1. 耐熱の器に具を入れ、ふんわりラップをし、レンジ（600W）で2分加熱する。

2. 1に混ぜた卵液（マヨネーズは溶けきらなくてもOK）、とろけるチーズを入れ、ラップをしないでレンジ（600W）で9分加熱する。

1台分
¥223
487 kcal

Q 他のおすすめの具は？
A ベーコンやエリンギ、じゃがいももおいしいです。

いつものポテサラがおかずに変身

わさマヨポテト

じゃがいも　皮むいて一口サイズ
大1コ

レンジ後追加

ハム1枚

マヨネーズ
大さじ1

しょうゆ
小さじ1/2

わさび
小さじ1/2

軽くつぶして混ぜる

まったりしたポテトの中に、
わさびじょうゆのピリッとした辛味がクセになります。

1〜2人分

¥56
221 kcal

作り方

1 耐熱の器にじゃがいもを入れ、ふんわり
ラップをし、レンジ（600W）で4分加熱する。

2 じゃがいもをつぶし、すべての材料を
加えてよく混ぜる。

ハムがなければ
ツナ缶でもバッチリ。

バターしょうゆ大根ステーキ

大根
1.5cm厚
4枚

こんがりしたら
おたのしみの

バター
10g

しょうゆ
ひとまわし

からめて
完成!

バターとしょうゆの出会い、とろっとした大根……。
いくらでも食べたいヘルシーなおかずです。

4枚分
¥40
121 kcal

作り方

1 耐熱の器に大根を入れ、ラップをしてレンジ
（600W）で3分加熱する。

2 水気を切って、トースターで5〜10分加熱し、
バターとしょうゆをかける。

玉ねぎしかなくたって、もう大丈夫！
バターとポン酢の玉ねぎステーキ

玉ねぎ
1.5cm厚
2枚

こんがりしたら

バター
10g

ポン酢
ひとまわし

からめて
完成！

サラダが
バターポン酢と
絡まって おいしい

濃厚バターとさっぱりポン酢で、
おいしさが口の中で渋滞！

2枚分

¥24
107 kcal

作り方

1 ホイルの上に玉ねぎをおき、
トースターで10分〜加熱する。

2 バターとポン酢をかける。
サラダを添える。

新玉ねぎで作ると
やわらかジューシー！

主食：お菓子　　主食：野菜

食べることが大好きな私は、
人生のほとんどをぽっちゃりした体で過ごしてきました。
「おいしいそうに食べるねえ、これも食べな」
「スイーツバイキング行こ！（私だけ最後まで食べ続ける）」
と周りに甘やかされた結果、社会人になった頃には
どんな写真にも二重あごスマイルの私がいました。
しかし、社会人になってから野菜中心の自炊生活を始めたら、
ノーストレスで8か月かけてゆるゆる10kgダイエットに成功!!
（初めてブラウスをスカートにinして会社に行った日の嬉しさ。涙）

ダイエット時に気をつけていたのは……
・カロリー感覚を身につける
　「あすけん」という健康管理アプリ（無料）を使って、毎日食べた
　ものを記録。材料を見るだけでカロリーがわかるように。
・食べないのではなく、「野菜」を食べる
　食べないのはストレスになって逆に太るので、野菜をたくさん
　食べて、栄養を整えながらお腹を満たすようにしました。

自炊して、おいしいと思いながら食べていれば、
ストレスなしでヤセることにも節約にもつながるので、
この本のレシピがその助けになれるといいなあと思います。

ほったらかしで
手軽にできる!!

3

ひ と 品 で 満 腹 !

カンタン ごはん & 麺

レンチン○　炊飯器○　トースター○　オーブン×

お弁当を買って食べたり外食する日が続くと、
どうしても寂しさや疲れがたまるような気がします。
そんな時に手間なく作れて、
お昼に食べれば午後も頑張れる!
夜に食べたらいい夢が見れる炭水化物シリーズです!!

外食しないで
お腹いっぱい

コレさえあれば、なんとかなる。

冷凍ご飯は、まとめて炊いて容器に詰めれば保存が楽チン！
さっと解凍すれば、ピンチも乗り越えられます。
麺レシピは、右ページの好みのものを選んで。

No ラップ
No 茶わん で
冷凍ごはん
生活を攻略！

TOPVALU HOMECOORDY
そのままレンジ保存容器 角型S
¥198 5コ入

金芽ロウカット玄米
（白米みたいな味の玄米）

頼りにしている主食たち

糖質ゼロ麺

袋入りで売られている、こんにゃくやおからで作られた麺。うどんの1/10以下というカロリーで、麺をすするおいしさを楽しめます。そのまま茹でずに使え、クセがないからアレンジも自在！

冷凍うどん

冷凍で日持ちする安心感があります。パスタよりも和風の味つけがよく合うので、ホッと和めるごはんになるのも魅力。冷蔵庫に余ったキムチをのっけて、冷たいぶっかけうどんにするのが夏のお気に入り。

パスタ

お腹ペコペコで、もちもちとした食感を味わいたい時には、やっぱり糖質ゼロ麺では物足りない日もあります。時短で作りたいから、半分に折ってレンチン。「早茹でタイプ」のショートパスタも便利です。

なめらかな豆腐とアボカドが合う！
アボカドクリーミー糖質ゼロ麺

レタス
2枚

アボカド
1/2コ

絹豆腐
小1/2パック

＋のり
いりごま
してもよい

しょうゆ
大さじ1.5

ごま油
小さじ2

糖質ゼロ麺
1袋

糖質ゼロ麺を選べば、ヘルシーごはんに。
パスタや冷凍うどんと和えてもおいしい!!

1人分

¥260

281 kcal

作り方

1 麺の上に野菜と豆腐をのせる。

2 調味料をかける。

あっさりした麺に
濃厚な具材が合う！

バテ気味の日にさっぱり食べたいなら…

サバ味噌キムチ冷麺

めんつゆ 2倍濃縮
大さじ1

お好みで
青ネギ

無くても
OK！

キムチ
好きな量

サバ味噌煮缶
1/2缶

糖質ゼロ麺 1袋

しっかりコクのあるサバ味噌に、キムチの酸味が
合います。こんにゃく麺でもツルツルおいしい。

1人分
¥304
256 kcal

作り方

1 麺の上に具をのせる。

2 めんつゆとネギをかける。

Q サバ水煮缶ではダメですか？
A めんつゆに味噌大さじ1を混ぜると近くなります。

スイッチポンで鶏の旨味を満喫！

エスニック料理の人気メニューを、
おうちで手間なく作れます。

炊飯器カオマンガイ

炊飯釜で
米1合

皮をはぎとった
鶏ムネ肉
1枚（200gくらい）

作り方

1 鶏肉の両面をフォークで刺し、
右の調味料でもんで10分〜おく。

2 炊飯釜に1とすべての材料を入れて混ぜ、
普通モードで炊く。ネギダレをかけて食べる。

酒 大さじ1

塩こしょう少々

もみこみ. 10分〜浸け置く

ネギ青いところ
（おまじない）

浸けた肉

鶏ガラスープの素
小さじ1

しょうがチューブ
小さじ1

にんにくチューブ
小さじ1

水 1合線より
すこし少なめ

おいしいネギダレ

全部混ぜるだけ。
サラダや麺にかけても
甘酸っぱくておいしい！

しょうゆ 大さじ1

オイスターソース
or 味噌 大さじ1

砂糖
大さじ1

ごま油 小さじ1

ネギ
10cmくらい
細かく刻む

酢
大さじ1

お好みで
ナンプラー
しょうがチューブ足す

**なんでも合う
魔法のタレ！**

49

炊き込まなくても風味豊か！
焼き舞茸ごはん

しょうゆ
小さじ1

しょうが チューブ
1cm くらい

あたたまた
ご飯

舞茸
1/2 パックくらい

ごま油
小さじ1

白ご飯に、焼いたキノコを混ぜ込むだけ。
香ばしさがたまりません！

作り方

1 トースターで舞茸を8分焼く。
2 あたたかいご飯に1と調味料を混ぜる。

1人分
¥82
250 kcal

きのこは焼くと縮むので
ちょっと多いくらいで！

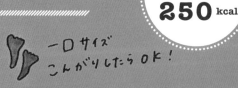

一口サイズ
こんがりしたら OK！

こっくりとした仕上がりにびっくりする…
濃厚バターチキンカレー

カレールウ
40g

砂糖
小さじ1

レンジ後
バター 20g
よく混ぜる

ケチャップ
大さじ2

牛乳
150ml

カットトマト
1/2缶

薄切り玉ねぎ
1/2コ

鶏モモ肉
200g
一口サイズに
カット

材料を全部混ぜてチンするだけでいい。

作り方

1 深めの耐熱の器にすべての材料を入れる。

2 ふんわりラップをし、レンジ（600W）で12分加熱する。

3 熱いうちにバターを加えて溶かす。

3人分
¥320
1082 kcal

日本人ならきっと大好きな味

キノコの和風パスタ

深めの耐熱容器に

半分に折ったパスタ 100g

好きなきのこ 好きなだけ

ベーコン 2枚くらい 足してもおいしい〜

水 250ml

和風だし 小さじ1

オリーブオイル 小さじ2

塩 ひとつまみ

できあがったら仕上げに しょうゆ 大さじ1

あれば 青ネギかける

シンプルな具材だけど、だしの旨さをパスタが吸って
やみつきになるおいしさです。

作り方

1 深めの耐熱の器にすべての材料を入れる。

2 ラップをしないで、レンジ（600W）で9分
加熱する。

1人分
¥109
483kcal

余裕があれば、
途中かき混ぜて。

ラップなし
袋のゆで時間＋3分くらい

トマト味が余り野菜を包み込む…

いろいろ野菜のトマトスープパスタ

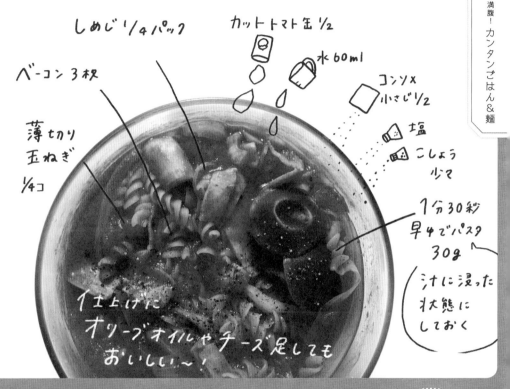

しめじ 1/4パック

カットトマト缶 1/2

水 60ml

ベーコン 3枚

コンソメ 小さじ 1/2

薄切り玉ねぎ 1/4コ

塩

こしょう 少々

1分30秒 早ゆでパスタ 30g

汁に浸った状態にしておく

仕上げに オリーブオイルやチーズ足しても おいしい〜！

余った野菜を活用するための「冷蔵庫一掃レシピ」です。

1人分

¥262

403 kcal

作り方

1 耐熱の器にすべての材料を入れる。

2 ラップをしないで、レンジ（600W）で9分加熱する。

Q 普通のパスタでも作れますか？

A 水を少し増やし、パスタのゆで時間＋3分加熱してください。

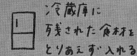

冷蔵庫に残された食材をとりあえず入れる

レンジだから麺がもちもち〜！

たっぷりもやし塩焼きそば

耐熱容器に
焼きそば麺
1袋 ほぐし入れる

酒 大さじ1

ごま油 小さじ2

とりガラスープの素
小さじ1/2

塩 ひとつまみ

仕上げに塩こしょう

もやし 1袋 200g

薄い肉
（ベーコンでも豚バラでも）

もやしのシャキシャキ感をちゃんと残した、
食べごたえ満点の麺メニュー。

作り方

1 耐熱の器に、麺→もやし→肉の順に材料を入れ、
調味料をかける。

2 ふんわりラップをし、レンジ（600W）で5分加熱
する。塩こしょうをふる。

1人分
¥179
476 kcal

もやしをまるまる1袋
ペロリと食べれます。

ふんわりラップ
肉は一番上に広げて

肉
もやし
めん

野菜だって
ごちそうに！

4

遅く食べても太らない

サラダと
スープ

レンチン○　炊飯器○　トースター×　オーブン×

体のことを考えると、やっぱり野菜が食べたい！
毎日飽きずに、食事の中心として食べられるのが
具だくさんの「サラダ」と「スープ」です。
これだけでは足りない人は、他の章のおかずと
組み合わせた献立にしてみてください。

一口食べれば
ホッと温まる

レンジ サラダチキン

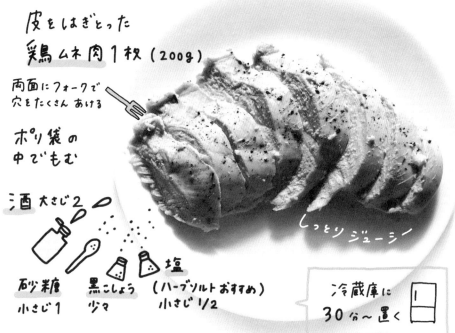

皮をはぎとった
鶏ムネ肉1枚 (200g)

両面にフォークで
穴をたくさんあける

ポリ袋の
中でもむ

酒 大さじ2

しっとりジューシー

砂糖
小さじ1

黒こしょう
少々

塩
(ハーブソルトおすすめ)
小さじ1/2

冷蔵庫に
30分〜置く

たっぷり作れて、コスパも優秀。
サラダにスープ（P76）、チャーハン（P16）にも活躍します。

作り方

1. 鶏肉はフォークで穴を開ける。ポリ袋にすべての材料を入れ、冷蔵庫で30分〜おく。

2. 耐熱の器に移し、ふんわりラップをし、レンジ（600W）で4分加熱する。

1枚分

¥114
286 kcal

Q 鶏モモで作ってもいいですか？
A 同様にできますが、少しこってり仕上がります。

耐熱皿に
下味つけた肉をのせ
ふわっとラップ
レンジ後
20分くらい放置
冷めたら切る

とにかく節約したいときに
¥60 サラダ

レタス3枚 ¥10
（直売所）

オリーブオイル
小さじ2

酢
小さじ2

ハーブ
ソルト
少々

自家製サラダチキン
2枚 ¥25

ミニ
トマト 3コ¥5
（業務スーパー）

ひよこ豆大さじ3
¥20（業務スーパー）
ひよこ豆水煮
1缶 ¥96

コンビニのサラダより安上がりで作れます！
自炊なら、食べたい量だけ作れるのも醍醐味。

1人分

¥60

204 kcal

作り方

器にすべての材料を盛る。

ひよこ豆がなければ、
コーン缶やゆで卵でも！

ひよこ豆で
まんぷくサラダ〜！

57

わしわしと箸でつかんで食べたい

カレーマヨキャベツ

今回はカット野菜使いました

1分量はオコノミで〜
ワタシは濃い目がスキ

キャベツ
1/2袋
(約70g)

カレー粉

マヨネーズ

スパイシーなカレー粉に、マイルドなマヨネーズ。
キャベツがいくらでも食べられるジャンキー風です。

1人分
¥46
114 kcal

作り方

1 器にキャベツとカレー粉を入れてよく混ぜる。

2 マヨネーズをかける。

材料は全部で
たった3つだけ。

お手軽デリ風がかんたん！

きほんのかぼちゃサラダ

マヨネーズ
2周くらい

かぼちゃの下ごしらえ

1/4 カット（400gくらい）
600W 8〜9分

塩 えいっ

こしょう えいっ

チンしてフォークでつぶして混ぜるだけ。
かぼちゃの甘みで、奥行きある味に。

作り方

1 耐熱の器にかぼちゃを入れ、ふんわりラップを
　し、レンジ（600W）で8〜9分加熱する。

2 すべての調味料を混ぜる。

上記の分量

¥**120**

412 kcal

Q おすすめのアレンジは？
A ベーコンや玉ねぎを入れるともっとおいしい！

暗記して作れるほどのラクさ！
きほんの ナムル

ごま　おなみで

しょうゆ　足す

にんにく チューブ

もやし
1袋

ごま油
大さじ1

鶏がらスープの素
小さじ1

塩
小さじ1/3

節約の味方・もやしをいちばんおいしく食べる定番レシピ。
たった5分で山盛りできます！

作り方

1 耐熱の器にもやしを入れ、ふんわりラップをし、レンジ（600W）で3〜4分加熱する。

2 水気を切ってすべての調味料を混ぜる。

1袋分
¥74
155 kcal

同じ調味料で、
青菜や大根もおすすめ。

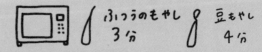

ふつうのもやし
3分

豆もやし
4分

この比率で何でも漬けていい…

キノコのマリネ

玉ねぎ ½コ
薄く切って
水にさらす

しめじ
1袋

塩こしょう

今回は
各大さじ2
酢1：オリーブ
　　オイル1

レモン汁
ひとまわし
（なくてもOK）

キノコだけでなく、玉ねぎと合わせることで旨味倍増！
魚介やトマト、ハムなどを合わせても。

1人分
¥144
298 kcal

作り方

1 耐熱の器にキノコを入れ、ふんわりラップをし、
レンジ（600W）で1分40秒加熱する。

2 水にさらして辛み抜きした玉ねぎと
調味料を混ぜる。

とりあえず
冷蔵庫にあるものを入れてみる！

辛みが抜けないなら
一緒にレンチンしてもOK

かつおの タタキ サラダ

たっぷり
レタス
3〜4枚

かつおの
タタキ
9切れ

ごま油
小さじ1

しょうゆ
大さじ1

しょうが
小さじ1/2

おかず感覚でいただくお刺身サラダ。
たれがかかった葉までおいしい！

1人分

¥235
194 kcal

作り方

かつおと調味料を和え、器にレタスと一緒に盛る。

業務スーパーで特売かつおを
買った日のサラダ。

豆腐と卵の和風とろとろドレッシング

とろっと クリーミィ サラダ

ごま油 大さじ1

しょうゆ 大さじ1

和風だし 小さじ1/2

卵 1コ

ごま 小さじ1

たっぷり レタス 3〜4枚

のり 1枚

なめらか 絹豆腐 小 1/2 パック

家にある食材ばかりなのに、やみつき味に!!
サラダを食べる義務感ゼロ。

作り方

器にすべての材料を一緒に盛る。

洗い物が面倒でない日は
ドレッシングを別で混ぜて。

1人分

¥75
264 kcal

春キャベツのペペロンチーノ風

ちぎったキャベツ
2枚

レンチン！

オリーブオイル
たっぷり

コンソメ
小さじ1

塩こしょう
がさっと

にんにく
チューブ2cm

野菜にオリーブオイルがまろやかになじんで、
コンソメとにんにく風味がアクセントに。

作り方

1　耐熱の器にキャベツを入れ、ふんわりラップをし、
レンジ（600W）で2分加熱する。

2　すべての調味料を混ぜる。

1人分
¥**20**
152 kcal

Q　ブロッコリーでもいいですか…？
A　レンジを3〜4分くらいに加減してください。

野菜がこんなに甘いなんて…

レンジで オリーブオイル蒸し

オリーブオイル
大さじ1

コンソメ
小さじ1

好きな野菜
にんじん、玉ねぎ
1本　½コ

仕上げに
ハーブソルト
少々

こしょう

できたてもおいしいけど、
翌日に味が染み込んでしっとりした感じも好きです。

作り方

1 耐熱の器に切った野菜と調味料を入れる。

2 ふんわりラップをし、レンジ（600W）で6分〜
野菜に火が通るまで加熱する。
仕上げにハーブソルトとこしょうをふる。

1人分
¥90
232kcal

にんじん入れると
何となくおしゃれに…！

お湯そそぐだけ味噌汁

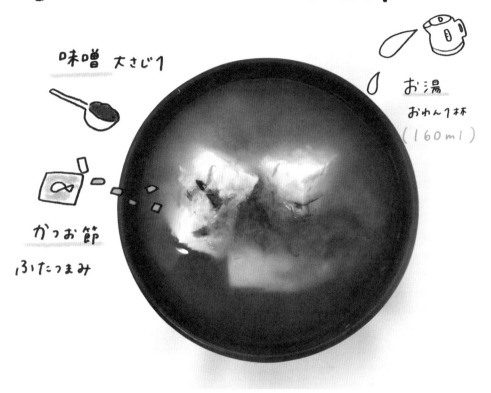

味噌 大さじ1

お湯
おわん1杯
(160ml)

かつお節

ふたつまみ

インスタント並みの手軽さで、ホッとしませんか？
ヘトヘトの日は頑張らないでいい！

作り方

器にすべての材料を入れ、熱湯を注ぐ。

Q だしはいらないの？
A かつお節の旨味で十分おいしいです！

1人分
¥**10**
40 kcal

豆腐入れるなら
レンジで
あたためておく

炊飯器で
ほくほく豚汁

ボタン押すだけで完成！
味噌汁に豚が入るだけで、
満足感もぐんとアップ。

Thu

4

遅く食べても太らない サラダとスープ

作り方

1 炊飯釜にすべての材料を
入れる。

2 普通モードで炊く。

炊飯後の
みそ溶きで
風味豊かに！

4杯分くらい

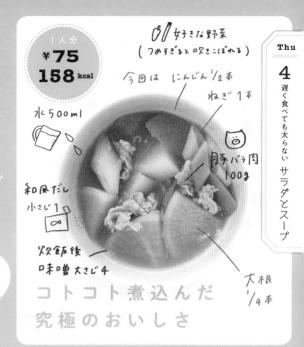

1人分
¥75
158 kcal

好きな野菜
（つめすぎると吹きこぼれる）

今回は にんじん1/2本

ねぎ1本

水500ml

豚バラ肉
100g

和風だし
小さじ1

炊飯後
味噌大さじ4

大根
1/4本

コトコト煮込んだ
究極のおいしさ

レンジで
キノコのうまみ味噌汁

火を使わない味噌汁レシピ。
保存容器に準備しておくと
とってもラクです。

作り方

1 耐熱の器にすべての材料を
入れる。

2 ラップをしないで、レンジ
（600W）で3分加熱する。

きのこ以外
好みの具でも
試してみて。

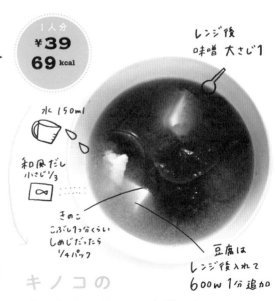

1人分
¥39
69 kcal

レンジ後
味噌 大さじ1

水150ml

和風だし
小さじ1/3

きのこ
こぶし1つ分くらい
しめじだったら
1/4パック

豆腐は
レンジ後入れて
600W 1分追加

キノコの
食感と香りが最高！

かさ増し野菜で、お腹も心も大満足！

食べすぎを
リセット！

脂肪燃焼スープ

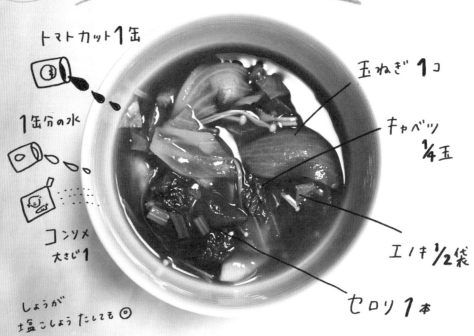

トマトカット **1缶**

1缶分の水

コンソメ
大さじ**1**

しょうが
塩こしょう たしても ◎

玉ねぎ **1**コ

キャベツ
1/4玉

エノキ**1/2**袋

セロリ **1**本

香り豊かな野菜たちから、旨味がしみしみ。
6食分くらいできるので、作りおきにも！

作り方

1 炊飯釜にすべての材料を入れる。

2 普通モードで炊く。

1人分

¥69
36 kcal

Q 余った分の保存方法は？
A 冷蔵庫に釜ごと入れて保存し、食べる分を器
に移してチンしています。

炊飯器で
「白米」スタート

お腹ふくれる "食べるスープ"

脂肪燃焼
スープ アレンジ **チーズリゾット風**

黒こしょう

オートミール
大さじ
3杯

とろける
チーズ
1枚

脂肪燃焼
スープ

「脂肪燃焼スープ」に飽きたなぁ…で生まれたレシピ。
これひとつでも、お腹いっぱいになります。

1人分
¥97
169 kcal

作り方

1　耐熱の器に「脂肪燃焼スープ」とチーズ、
　　オートミールを入れる。

2　ふんわりラップをし、レンジ(600W)で
　　2分加熱し、こしょうをふる。

とろとろ チーズと トマトスープの
やさしい 味わい

オートミールがスープを
吸ってお米みたいに!

セロリのデトックススープ

しあげに
塩や
ブラックペッパー
少々

水　450mlくらい

コンソメ　大さじ1

セロリ
1本

玉ねぎ
1コ

キャベツ
2枚

あらく
みじん切り

(みじん切り
チョッパー使用)

毎回測らずに作っているため
アバウトすぎて
ごめんなさい。

セロリは煮込まれると食べやすい！
一口すすれば、体も軽やかなおいしさ。

1人分

¥40
18 kcal

作り方

1　炊飯釜にすべての材料を入れる。

2　普通モードで炊く。

地味だけどおいしい
飽きないスープ。

金鍋で
コトコト
作ってもOK

牛乳とベーコンでリッチな旨味！

コクうまミルクスープ

アレンジ!!

牛乳のコクと
ベーコンのうまみが
コンソメスープと
合う～!!

モォー

ベーコン 2枚入れちゃった…

MILK

牛乳
30ml
味見して調整

黒こしょう
バサッ

セロリのデトックススープ
120ml

あっさりスープにミルキーなコクが出会った…
これがあるだけでしあわせな食卓に。

作り方

1 耐熱の器に「セロリのデトックススープ」と
牛乳、ベーコンを入れる。

2 ふんわりラップをし、レンジ（600W）で
2分加熱し、こしょうをふる。

1人分
¥88
184 kcal

Q 豆乳でも作れますか？
A 大丈夫です。吹きこぼれないように注意を。

レンジすら使いたくない日に
のせるだけ キムチと豆乳のスープ

ごま

SOY MILK
豆乳
ドバー
100ml

絹豆腐
小1パック

めんつゆ
大さじ1

みそ
小さじ1

キムチ
好きなだけ

¥70 でしあわせスープ

冷たいままいただく、ぶっかけ系スープです。
味噌×豆乳がまろやかでクセになる味わい。

作り方

器にすべての材料を入れる。

1人分
¥70
174 kcal

Q あっためてもいいですか?
A はい。季節に合わせてどうぞ!

今日も1日
おつかれさまでした!
おやすみなさーい

たっぷり小松菜とキノコの卵スープ

① 水 150ml

鶏がらスープの素
小さじ1/2

しょうゆ
小さじ1

塩 少々

しめじ
1/4袋

小松菜
1株

② 溶き卵
落し込むだけで
混ぜない

③ めがよければ 30秒〜追加

具の旨味がいっぱい、おかずになるスープ。
卵とじでしあわせ度が高まります。

¥61
93 kcal
1人分

作り方

1 器に卵以外の材料を入れ、レンジ（600W）で
  2分加熱する。

2 卵を加え、さらにレンジで1分加熱する。

ひと手間だけど、
「溶き卵」がポイント。

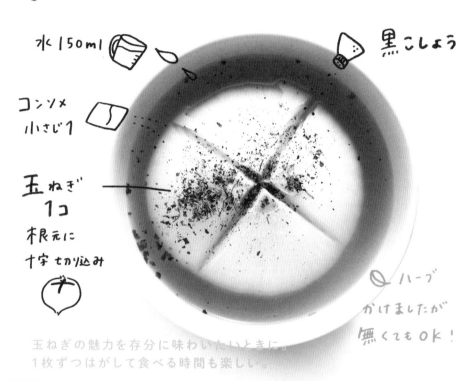

まるごと玉ねぎスープ

水150ml

黒こしょう

コンソメ
小さじ1

玉ねぎ
1コ
根元に
十字切り込み

ハーブ
かけましたが
無くてもOK！

玉ねぎの魅力を存分に味わいたいときに。
1枚ずつはがして食べる時間も楽しい。

作り方

1 器にすべての材料を入れる。

2 ふんわりラップをし、レンジ（600W）で
8分加熱し、こしょうをふる。

1人分
¥73
79 kcal

高温になるので、
取り出すときに注意!!

ラップして

"炊き上がり"が待ち遠しくなる！

ローズマリー ポトフ

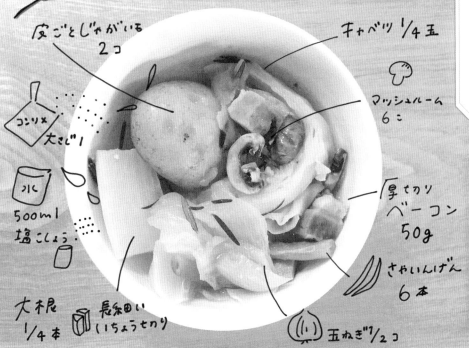

皮ごとじゃがいも
2コ

キャベツ 1/4玉

コンソメ
大さじ1

マッシュルーム
6こ

水
500ml
塩こしょう

厚切り
ベーコン
50g

大根
1/4本

長細い
(いちょう切り)

さやいんげん
6本

玉ねぎ 1/2コ

1枝のローズマリーが格上げ！（なくてもおいしい…）
ホクホクのおいもがおいしい、洋風スープの定番。

1人分
¥66
77 kcal

作り方

1 炊飯釜にすべての材料を入れる。

2 普通モードで炊く。

Q 材料の入れる順番は？
A 根菜を下にすると、火の通りがよくなります。

トマトジュースとサラチキの つめたいスープ

サラダチキン
好きなだけ
コンビニでも
自家製でも

トマトジュース
200ml
砂糖
不使用

塩
少々 { ハーブソルト
おすすめ

コーン缶
好きなだけ

オリーブオイル
小さじ1

コンビニ食材を全部混ぜるだけの簡単レシピ。
レンジなしで作れる、酸味豊かなさっぱり味。

1人分
¥125
155 kcal

作り方

器にすべての材料を入れてよく混ぜる。

お疲れの体を
ととのえてくれます。

今週も頑張った
あなたへ

5

ちょっぴり呑みたい…

手抜き
おつまみ

レンチン○　炊飯器×　トースター◎　オーブン×

今宵はとにかく喉を潤したい……。
疲れた体、沈んだ気持ちを晴れやかにしてくれる、
お酒時間にぴったりのお供を考えました。
ガツンとしたものはあまりないけれど、
旨味をしっかり味わえる後ひくおいしさです！

お酒がすすんで
ゴメンなさい！

冷蔵庫に残された野菜たちとの正しい別れかた

とりあえずチーズ焼き

冷蔵庫から
出たそうな野菜たち

とろける
スライスチーズ

塩

こしょう

今回は
玉ねぎ
1/4コ くし切り

アスパラガス
3本 根元の
固い部分はそぐ

マヨネーズ
足しても ◎

チーズと一緒にトースターに放り込むだけ。
遅く帰った夜でも余裕で作れる!

作り方

1 ホイルに野菜とチーズをのせる。

2 トースターで5分〜焼く。

1人分
¥**136**
94 kcal

Q 野菜の火通りが心配です。

A 先に少しチンしてから焼いてみて。

トースターで
こんがりしたら
食べごろ〜

とろけるチーズがまさかの食感に!!!

パリパリ チーズ

とろけるチーズ
1枚

皿の上に
クッキングシート敷いて
チーズのせる

ラップなし

ほのかにしょっぱく、チーズのこんがりした風味で
ビールがとまらない! とまらない!

作り方

1 耐熱の皿にオーブンシートをしいてチーズをのせる。

2 ラップをしないで、レンジ(600W)で1分30秒加熱する。

1枚分

¥18

65 kcal

焼き色がつかなくても
パリッとすれば大丈夫。

粗熱とれたら
パリパリ割る

あえて塩味なのが、通のおいしさ〜〜

キノコのうまみ焼き

キノコ

エリンギや
舞茸 おすすめ
1パック

火が通ったら

塩
少々

かつお節

かつお節＋塩でキノコそのものの旨味を堪能。
1パック、あっという間に平らげちゃいます。

作り方

1 ホイルにキノコをのせる。

2 トースターで8分〜焼く。かつお節と塩をかける。

1人分
¥118
25 kcal

少～し焦げた味噌の香ばしさが…！

ネギ味噌 厚揚げ じゅわっとステーキ

マヨネーズ
小さじ2

厚揚げ
1枚

今回は半分に
切ったもの使用

味噌
小さじ2

青ネギ
大さじ2

大人のおつまみをイメージしてみました。
味噌がこんがりするまで焼いてみてください。

作り方

1 ホイルに、調味料をぬってネギをかけた
厚揚げをのせる。

2 トースターで7分～焼く。

1枚分

¥57
297 kcal

お酒だけでなく、
ご飯にも合います。

こんがりしたら OK！

もやしさえあれば超速！

モヤチー 味噌 ver

＼ 豆もやしでも ／
ふつうのもやしでも OK

洗ったもやし 1/3 袋

味噌をぬる ——————
小さじ 1.5

とろけるチーズ ——————
1/2 枚のせる

炒めものやナムルで人気のもやしですが、
新しい一面を発見できるレシピです。

作り方

1 耐熱の器にもやしを入れ、ふんわりラップをし、
レンジ（600W）で2分加熱する。

2 味噌をぬってとろけるチーズをのせ、ラップをし
ないでさらに1分加熱する。

1人分

¥43

61 kcal

Q 味噌以外のおすすめの味つけは？
A オリーブオイルや塩、ケチャップでも新鮮！

酢味噌と青菜和え

酸味と甘みのバランスが
いろんな青菜によく合う!
こんにゃくにも◎

作り方

1 耐熱の器に好みの青菜を入れ、
ふんわりラップをし、レンジ
（600W）で2分加熱する。

2 混ぜ合わせた酢味噌を
かける。

> 割合さえ
> 覚えておけば
> すぐできる!

酢味噌 🥄 酢 1
味噌 2
砂糖 1

の割合で混ぜたもの
1くらいだったら、
それぞれ小さじで

青菜 ─

小松菜とか
チンゲン菜とか
これはカラシ菜

おひたしやごま和え
に飽きたら…

にんじんの塩昆布和え

脇役として支えがちな
にんじんを主役に!
苦手な人もイケるかも!?

作り方

1 耐熱の器ににんじんを入れ、
ふんわりラップをし、レンジ
（600W）で3分30秒加熱する。

2 ごま油と塩昆布をかける。

> にんじんの太さで
> レンチン時間を
> 調整して。

1人分
¥45
73 kcal

レンジ終わったら

ごま油
小さじ1

塩昆布
ひとつまみ

にんじん
1/2本

塩昆布の旨味で
味がビシッと決まる

ついつい呑みすぎるお酒泥棒ー！

サバ缶そのまま アヒージョ

焼いたパンと
ひたひた させながら

水気を切った
サバの水煮缶
1缶

オリーブオイル
大さじ2

にんにく
チューブ
小さじ2〜

ハーブソルト
or 塩
少々

黒こしょう
少々

あれば
赤唐辛子やバジル
入れてもおいしい！

バルの定番メニューを洗いものなしで作ります。
ツナ缶でもおいしい。

1缶分
¥135
538 kcal

作り方

1 サバ缶にすべての調味料を入れる。

2 トースターで7分焼く。

取り出すときは
熱いので気をつけて！

トースター
7分〜
ぐつぐつしたら食べごろ

箸が止まらないジューシーつまみ！
エリンギのしょうゆマヨステーキ

エリンギ 1本

マヨネーズ
小さじ2くらい
ぬって

火をいたあとから

しょうゆ
小さじ2くらい

こしょう少々

肉厚で食べごたえがあるエリンギは、
大きめに切って食感の良さを残してみました。

作り方

1 ホイルにエリンギをのせ、マヨネーズをぬる。

2 トースターで6分〜焼く。しょうゆとこしょうをかける。

1本分
¥54
74 kcal

これを食べるために
エリンギを買いに行く価値アリ。

ホットクック活用してみた

材料全部入れてスイッチポンで完成する自動調理鍋。
ほったらかしの便利さはもちろん、じっくり加熱するから味も本格的!

カット
かぼちゃ
400g

キンモクセイ香る10月の
おやつ蒸しかぼちゃ

何にも入れないでもホクホクおいしい! カットされたものを使うと手間いらず。鮮やかな黄色で、ねっとりした甘みがもはや「おやつ」。

甘酒

6時間ほどかけて、発酵していました。ドロドロで甘い、飲む点滴の完成です。大さじ3杯くらいの甘酒を豆乳で割るとおいしい!

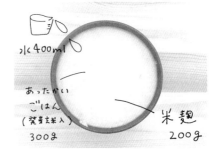

水400ml

あったかい
ごはん
(発芽玄米入)
300g

米麹
200g

トマト缶

オリーブオイル
ふたまわし

にんじん
3本

パプリカ
1ケ

コンソメ
たくさん

玉ねぎ
1ケ

クレイジーソルト
ばさっと

なす3本

出張 おつかれ
ラタトゥイユ

野菜の水分とだしで無水調理が実現! 出張帰りに荷をほどきながら作れて、癒やしの一皿になりました……。全部で8食分くらいたっぷり。

え!? こんなに
簡単にできるの?

6

世界一しあわせな

朝食と
おやつ

レンチン○　炊飯器×　トースター○　オーブン○

泡立て器もなく、本格的なお菓子は作れないけれど、
簡単なケーキやデザートで楽しいおやつタイム。
明日の朝は何作ろう?と考えるだけでも、
幸せな気持ちになれるはず。
レンチンレシピとオーブンレシピがあります。

初心者さん
大歓迎〜!

ぐるぐる混ぜれば、
すぐに完成。

混ぜて焼くだけ！と手軽さが人気のホットケーキミックス。
蒸しパンにスコーン、ブラウニー、ケーキなど、配合次第で、
いろいろなおやつが作れるのがいいところです。
部屋じゅう、甘〜い香りに包まれてみませんか？

ホットケーキミックス 150g は
(薄力粉 113g
  砂糖 30g
  ベーキングパウダー 6g
  塩 1g
で代用できます！

バナナ

一年中手に入れやすく、しかもお求めやすい価格の人気フルーツ。独特な南国の香りがスイーツにマッチ。つぶすことで粘りが出て、ケーキ生地のつなぎに。2種類のバナナケーキのレシピを紹介します。

ヨーグルト

そのまま朝食に食べるのはもちろん、さっぱりアイスにしたり、水切りヨーグルト（P98）でアレンジできます。たっぷりサイズにすると、使い道が広がります。濃厚なギリシャタイプもリッチな気分に。

ジャム

季節の果物のおいしさを閉じ込めたジャムは、クリームチーズなどに混ぜれば、フルーツの風味と色で華やかに。ケーキやスコーン生地に練り込むと、特別感が出ます。旅のお土産で探すのもまた楽しみ。

マグカップにミックス粉と牛乳をイン!!
90秒 蒸しパン

ジャムとか
カフェオレの素入れても
おいしいよ

HM ホットケーキミックス
50g ≒ 大さじ6

MILK 牛乳 or 豆乳
大さじ3

やばい。
のどかわいいたけど
マグカップ…

ふわっふわで、大人も子どもも
素朴な味だから、好みでジャムやはちみつと!

作り方

1 マグカップにすべての材料を入れてよく混ぜる。

2 ふんわりラップをし、レンジ(600W)で1分30秒加熱する。

1個分
¥**38**
213 kcal

Q おいしく食べるコツは?
A 冷めるとパサつくので直前でチンして!

 入れていいのは
カップ1/2まで

シェントウジャン

無調整
豆乳
150ml `SOY`

レンジ後
入れて混ぜる

酢
小さじ2

しょうゆ
小さじ2

みりん
小さじ2

豆乳がふるふる食感に固まっておいしい。
塩気のあるトッピングがよく合います。

青ネギや イカ天 など オススメ!!
風味と サクサク がおいしい

作り方

1 マグカップに豆乳を入れ、ラップを
しないでレンジ（600W）で2分加熱する。

2 調味料を加え、よく混ぜる。

1人分
¥**60**
102 kcal

トッピングは
なくても大丈夫。

ラップなし
吹きこぼれ注意!!

2分

食パンそのもののおいしさも楽しめる
やさしい カレーマヨトースト

つよいトーストに
したいときは
調味料 **2倍** で!

カレー粉
小さじ1/2

マヨネーズ
大さじ1/2

食パン
1枚
すきな厚みで〜

いつものトーストのマンネリを打破してくれる!
スパイシーな香りがたまらない…

作り方

パンに調味料をぬり、
トースターでこんがりするまで焼く。

1枚分
¥28
205 kcal

Q バターやマーガリンはいらないの?
A マヨの油分で、しっとりジュワッとなります。

定番の卵料理をフライパンなしで！

レンジでふわふわ **スクランブルエッグ**

牛乳（豆乳）
大さじ1

マヨネーズ
小さじ1

卵 1コ

塩 少々

洗いものが少ないから、忙しい朝でもすぐできる！
朝ごはんのほか、お弁当、サンドイッチにも便利です。

作り方

1. 耐熱の器にすべての材料を入れ、よく混ぜる。
2. ラップをしないで、レンジ（600W）で1分加熱する。
3. 素早く混ぜる。

1人分
¥20
115 kcal

レンチン直後の
混ぜタイムが勝負です。

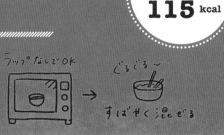

ラップないでOK

ぐるぐる～

すばやく混ぜる

緊急時のおやつはこれを食べよう

クレータープリン

卵 1コ

牛乳 or 豆乳 100ml

砂糖 大さじ2

冷蔵庫で冷ましたら完成 ☆
好みではちみつ、黒みつなどかける

「なめらかじゃなくてもいいんじゃない?」と思って誕生!
ぷくぷくがかわいくて、食感も楽しい。

作り方

1 器にすべての材料を入れてよく混ぜる。

2 ふんわりラップをし、レンジ(600W)で
2〜3分加熱する。

1個分
¥**37**
213 kcal

Q クレーターって!?
A ご覧のとおり、「す」や穴だらけなので
見た目は保証しません…

牛乳 2分
豆乳 3分

固まっていなかったら
20秒ずつ追加

⚠ 突沸注意　ぼこぼこしたら出す

「えっ!? 簡単すぎ…」と驚かれる

混ぜるだけジャムスコーン

ホットケーキミックス
150g

ジャム

ココナッツオイル
or サラダ油
大さじ2

ヨーグルト
大さじ2

豆乳
or 牛乳
大さじ1

ホロッと崩れる生地がおいしい！
ジャムは家にあるものでいろいろ試してみて。

小1個分
¥5
42 kcal

作り方

1 ボウルにすべての材料を入れてスプーンで混ぜる。

2 天板の上に好みの大きさで落とす。

3 170℃のオーブンで13分〜サクッとするまで焼く。

ちなみに、これは
レモンとはっさくのジャム♪

濃厚だけどさっぱりヘルシー

シャリシャリ ヨーグルトアイス

❄ 冷凍
2時間以上

ヨーグルト
50g

ジャム
小さじ1

ベリーを
トッピング
しても ◎

ヨーグルトの酸味がマイルドに。
シャリシャリ&濃厚なさっぱりスイーツ!

1人分
¥25
44kcal

作り方

器にすべての材料を入れて混ぜ、2時間以上冷凍する。
食べるときに室温で少し溶かす。

カチコチに冷凍しすぎたら
20秒くらいチン!

わたしの**クリームサンド**

♪ 冷凍チェリークリーム

ラズベリージャムクリーム

**クリーム
チーズ**

好きな具

ジャム, フルーツ,
ナッツ, さつまいも…

ビスケット

サクッとビスケットと濃厚チーズのハーモニー。
チーズの存在感があるので、何を混ぜてもOK！

作り方

1 クリームチーズと好みの具を混ぜる。

2 ビスケットに1をのせ、もう1枚ではさむ。

1個分

¥81

166 kcal

> クリームチーズが
> 混ぜにくいなら10秒チン。

自分オリジナルの クリームを作ろう〜！

☽★ 冷蔵庫で一晩おくと
しっとりサンドに

❄ 冷凍しても
おいしい

層を重ねた分だけしっとりおいしい

愛しのヨーグルト ビスケットケーキ

前日夜
水切りヨーグルト
作る
↓
当日昼
ビスケットに
ぬる
↓
当日おやつ
食べる

プレーンヨーグルト150g
＋いちごジャム
大さじ1〜

マリー
ビスケット
4〜5枚

ヨーグルトの濃厚クリームと
やわらかいビスケットが
なじんで 愛

水切りヨーグルトで濃厚だけどさっぱり。
生クリームもスポンジも不要の、とっておきスイーツ。

作り方

1 ざるにキッチンペーパーをしいてヨーグルトを
のせ、水受けの容器の上で一晩おく
（水切りしたホエイはP99へ）。

2 ビスケットに、ジャムを混ぜた1をぬり、4〜5枚
重ねていく。冷蔵庫で寝かせる。

1個分
¥**120**
252 kcal

Q 水切りの時間が待てない…。
A ヨーグルトの上にラップをしいて重しを
のせると、早く水が切れます！

ゴクゴク飲みたいさわやかドリンク
豆乳 ホエイ ラッシー

ホエイ ┐同じ
豆乳 ┘割合

砂糖

飲むヨーグルト
みたいで
おいしい〜！

水切りヨーグルトを作るときの、うれしいおまけ！
低脂肪で、カルシウムやビタミンなど栄養も豊富。

作り方

コップにすべての材料を入れて混ぜる。

> ホエイはスープに入れても
> さっぱりした仕上がりに♪

1杯分
¥17
108 kcal

ホエイとは ヨーグルトの水分

水切りヨーグルト

ヨーグルト 〇〇〇 ホエイ

見た目も味もインパクト大!!

チョコのケーキ生地がしっとりずっしり。
簡単に作れてかわいい! バレンタインにも♡

たべっこ 濃厚ブラウニー

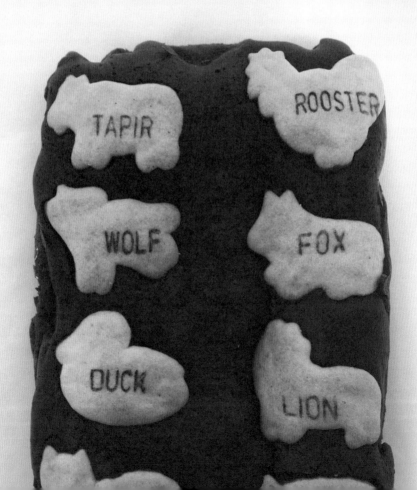

作り方

1 ボウルに割ったチョコとバターを入れ、ふんわりラップをし、レンジ（600W）で1分加熱する。

2 卵、砂糖を加えてよく混ぜる。

3 ホットケーキミックスを加えてさらに混ぜる。

4 型に3を流し入れ、ビスケットを並べ、170℃のオーブンで15〜20分焼く。

> ビスケットは焦げやすいので
> 時々様子を見ること。

☆ 20cm x 20cm 型 くらい

 板チョコ 2枚 (100g)

 無塩バター 50g

 卵 2コ

 砂糖 30g

 ホットケーキミックス 50g

 オーブンと 型 必要

型で混ぜてそのまま焼く、ずぼらおやつ

どうしても 洗い物 したくない 限界 OL の 豆腐 バナナケーキ

SNSでも共感を集めた、
もっとも気楽に作るレシピです。
アルミ型は100均で
入手できます。

家の材料の都合を
優先してほしいのですが

だいたい

バナナ1本

ホットケーキ
ミックス150g

卵1コ

絹豆腐 小1パック

作り方

1 ケーキ型に卵と豆腐、バナナを入れ、
フォークでよく混ぜる。

2 ホットケーキミックスを少しずつ加えて混ぜる。

3 170℃のオーブンで40分焼く。

1カット分
¥20
96 kcal

生地が重たかったら
水を少し追加。

おからでしっとり、体にもやさしい
バナナ おからケーキ

バナナ 1本

ヨーグルト
大さじ2

おから 150g

ホットケーキ
ミックス
150g

たまご 1こ

豆乳 50ml〜
しっとりする程度

昔母が教えてくれた、懐かしいおやつ。
おからでヘルシーなのがありがたい!

1カット分
¥**27**
112 kcal

作り方

1 ボウルにすべての材料を入れて混ぜる。

2 180℃のオーブンで20分焼く。

分量は1ホール
＝
8ピース

オーブン
180℃
20分

Q 型はどうしたらいい?
A P102のように、使い捨てのものだとラク。

103

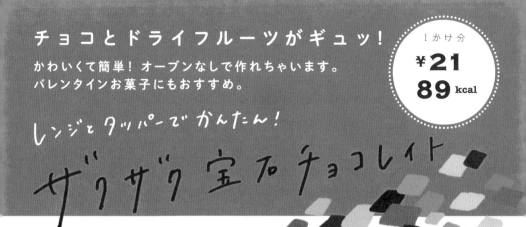

チョコとドライフルーツがギュッ！

かわいくて簡単！ オーブンなしで作れちゃいます。
バレンタインお菓子にもおすすめ。

1かけ分
¥21
89 kcal

レンジとタッパーで かんたん！

ザクザク宝石チョコレイト

グラノーラ
50g

ドライフルーツ
30g

ホワイトチョコ
90g
（2枚）

作り方

1 12〜15cm角くらいの保存容器にラップをしき、砕いたチョコを入れる。レンジ（500W）で1分加熱してチョコを溶かす。

2 グラノーラを加えて混ぜる。

3 ドライフルーツを上からパラパラのせて軽く押さえて、チョコとくっつける。

4 冷蔵庫で1時間以上冷やす。包丁で好きな大きさに切ったら完成！

> ななめカットが
> 自然でかわいく見える！

バターなしでも、つい手が伸びる！
ココナッツオイルのサクサククッキー

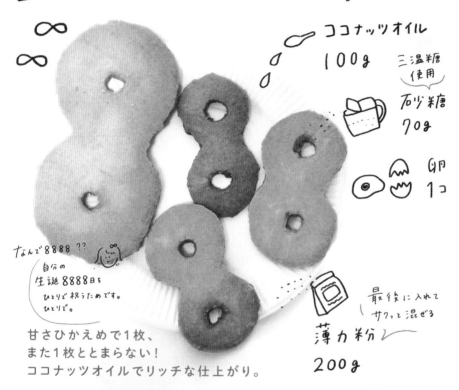

ココナッツオイル
100g

三温糖使用

砂糖
70g

卵
1コ

なんで8888？？
自分の
生誕8888日を
ひとりで祝うためです。
ひとりで。

甘さひかえめで1枚、
また1枚ととまらない！
ココナッツオイルでリッチな仕上がり。

最後に入れて
サクッと混ぜる

薄力粉
200g

作り方

1 ボウルにココナッツオイル（寒いと固まるので湯煎して溶かす）と砂糖、卵を入れてよく混ぜる。

2 薄力粉を加えてさっと混ぜ、ひとまとまりにする。

3 5mm厚さに押して伸ばし、ナイフや型で好みの形にする。

4 70℃のオーブンで15～20分焼く。

1枚分
¥28
167 kcal

冷蔵庫で冷やし固めると、
型抜きしやすい！

5mm厚くらいにする

型抜き or カット

Sun

日曜日

さっぱりと
箸休め的な10品

7

自分を助ける！

もちの
作りおき

レンチン◎ 炊飯器× トースター× オーブン×

まだまだ来週のことなんて考えられなくても、
これさえ作り置きしておけば、
忙しいときやお弁当できっと助かる！
余裕のある週末のうちに、おかず貯金をしてみては？
アレンジ展開できるものもあります。

ほぼレンチンで
作れる！

野菜を味方に 自炊を制する。

スーパーや通販で、いろんな野菜と出会うのも自炊の楽しみ。
たくさん買っても作りおきにしておけば、
いつもの野菜がとっておきの一品に。
まとめてカットした冷凍野菜を
ストックしておくのも便利です。

お役立ち冷凍カット野菜3種

カット青ネギ

冷凍食品としても売られていますが、長いものを自分でカットすると、風味豊かなまま冷凍。みそ汁に入れたり、ネギメシ（P18）、チャーハン（P16）などがすぐ作れます！

ミックスきのこ

しめじ、えのき、舞茸をほぐして、冷凍するだけ。そのまま加熱するよりも、旨味が何倍にもなるとか……！　安く売っていたら多めに買って、すぐに冷凍してストックします。

キャベツ×にんじん

一口サイズにカットして、冷凍保存袋へ。彩りがよいので、炒め物やスープに入れたり。私は味噌汁やパスタの具にすることが多いです。玉ねぎやしめじを混ぜるのもおすすめ。

野菜を無限に食べたいときに!!
やみつき きゅうり

各大さじ

しょうゆ ②

みりん ②

和風だし or
とりガラ素 0.5

塩 0.1

きゅうり
2本

切れるか
たたき割る

きゅうりの歯ざわりがたまらない……。
シンプルで飽きのこない味つけです。

作り方

器にすべての材料を入れて混ぜる。30分ほどおく。

ほんだし＝和風、
鶏ガラ＝中華風に。

上記の分量
¥94
126 kcal

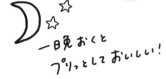

一晩おくと
プリっとしておいしい!

すぐ食べても 作りおきでも ☺

やみつき えのき//

えのきがプルプルに
固まっておいしい。
夏はそばやそうめんに
たっぷりのせて!

作り方

1 耐熱の器にすべての材料
を入れる。

2 ふんわりラップをし、レンジ
(600W)で1分20秒加熱する。

Happy news!!
きのこは 洗わなくても OK

右の分量
¥36
23 kcal

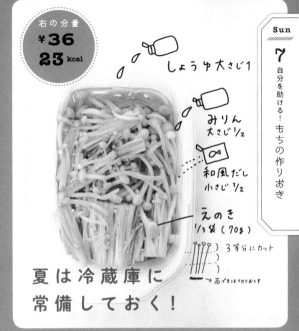

しょうゆ大さじ1

みりん
大さじ1/2

和風だし
小さじ1/2

えのき
1/3袋(70g)

→ 3等分にカット

→ 石づきはきりおとす

夏は冷蔵庫に常備しておく!

チャイニーズ
やみつき えのき

冷奴にのせたい作りおき。
シャキシャキした
噛みごたえがおいしい。

作り方

1 耐熱の器にすべての材料を
入れる。

2 ふんわりラップをし、レンジ
(600W)で1分20秒加熱する。

1つの食材で
できるのも
うれしい〜

右の分量
¥108
148 kcal

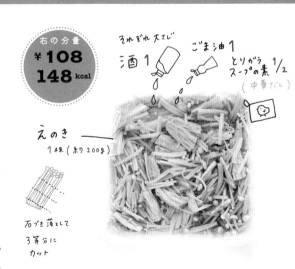

それぞれ大さじ

酒1   ごま油1

とりがら
スープの素1/2
(中華だし)

えのき
1株(約200g)

石づき落として
3等分に
カット

「中華風なめたけ」
と呼んでください

もう絶対に捨てない……
ブロッコリーの芯
漬けるだけ

2日目以降が
染みてやみつき!!

ごま油
大さじ1

しょうゆ
大さじ2

ブロッコリーの芯
1株分
（外側のかたい部分はカット）
生でOK!

いつもは行き場がなかったけれど、最高の一品に!
技術があれば、細めの千切りがベスト……

作り方
器にすべての材料を入れて混ぜる。一晩以上おく。

上記の分量
¥30
161 kcal

コリッとした食感に
ハマること間違いなし!!

かたい外側は
カットする

できるだけ細く千切り

私にはこれが限界…

ほっとくほど味が染みていく！
レンジきんぴら

大さじ
1　しょうゆ

大さじ
1　砂糖

大さじ
1　酒

ごま油　小さじ1
仕上げに
ひとまわし☺

白ごま
なくてもOK
小さじ
2

にんじん 1本

お好きな
根菜で〜！

一緒にご飯が食べたくなる常備菜。
ごぼうやレンコンなど、好きな根菜でお試しを！

作り方

1　耐熱の器にすべての材料を入れて混ぜる。

2　ふんわりラップをし、レンジ（600W）で5分
　加熱する。ごま油とごまをかける。

上記の分量
¥54
178 kcal

他の野菜を使うときは
加熱時間を加減して！

ふわっとラップして

さっぱり箸休めに食べたくなる
レンジで小松菜おひたし

レンジ後

小松菜
1袋 約180g
茎を下に置くと
火が通りやすし

しょうゆ
大さじ1

みりん
大さじ1

水
大さじ2

和風だし
小さじ½

かつお節

小松菜、ほうれん草、菜の花、春菊…何でもOK！
献立をバランスアップするやさしい副菜。

作り方

1 耐熱の器に青菜を入れ、ふんわりラップをし、
レンジ（600W）で2分加熱する。

2 青菜を水にさらして絞り、調味料を加えて和える。

上記の分量
¥128
95 kcal

レンチン後に水にさらすと、
火の通りすぎ防止になる。

ふわっとラップ

水気切る

「日本人に生まれてよかったー！」

めんつゆ浅漬け

きゅうり
大根
白菜

めんつゆ2倍濃縮
大さじ2

にんじん
など

これは
サラダ用
かぼちゃ

酢
大さじ2

水
大さじ2

ほぼ
野菜の値段と
野菜のカロリーだけ！

好きな野菜を、あっさりいただく食べかた。
めんつゆでまろやかな旨味がプラス！

作り方

器にすべての材料を入れて混ぜる。
30分ほどおく。

上記の分量
¥148
110 kcal

生で食べられる
野菜限定！

だいたい家にある2つの食材で簡単！

万能 ツナと玉ねぎのしょうゆ漬け

玉ねぎ 1コ
薄くスライス

しょうゆ
大さじ1

ごま油
大さじ1

ツナ 1缶

サラダに
豆腐に！

ツナと玉ねぎの相性抜群!! 甘辛味が何にでも合う

作り方

器にすべての材料を入れて混ぜる。30分ほどおく。

上記の分量
¥173
406 kcal

Q 玉ねぎが辛いかも？
A 水にさらすか、塩もみをしてから混ぜてください。

今夜の主役にだってなる！
ツナたまごちそうサラダ

ツナと玉ねぎの しょうゆ漬け
たっぷり
（大さじ5くらい）

レタスとか 葉物
これはキクナ

ふたつかみ ボウル1杯分

豆腐
小1パック

のっけるだけでドレッシングもいらない。
リピートしたくなる定番の食べかた。

1人分
¥123
230 kcal

作り方

器にすべての材料を盛る。

満腹感がある
糖質オフの味方！

117

そのまま食べても最高においしい
レンジで 肉味噌

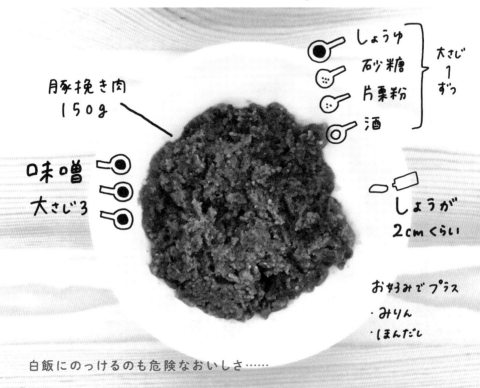

豚挽き肉 150g

しょうゆ
砂糖
片栗粉
酒

大さじ 1 ずつ

味噌 大さじ3

しょうが 2cm くらい

お好みでプラス
・みりん
・ほんだし

白飯にのっけるのも危険なおいしさ……

作り方

1 耐熱の器に、すべての材料を入れて混ぜる。

2 ふんわりラップをし、レンジ（600W）で2分加熱する。

3 一度かき混ぜて、さらに2分加熱する。

上記の分量
¥145
553 kcal

Q 挽き肉の種類は？
A 合挽きか豚だと、旨味が濃厚です！

ふんわりラップ
耐熱容器で

甘辛味のそぼろが麺にからむ
肉味噌そうめん

甘からい肉味噌と
さっぱりそうめん
シャキシャキレタス
さわやかで良い〜☀

レンジで肉味噌
大さじ3

レタス

糖質ゼロ麺
細麺

ちょいたしするなら
卵
きゅうり
めんつゆ（味うすければ）

糖質ゼロ麺なら、ゆでる工程もないからすぐごはん！

作り方

器にすべての材料を盛る。

1人分

¥**197**

113 kcal

暑い夏の昼ごはんは、
P46-47とこれのヘビロテ！

ポリポリ食感の歯ざわりが絶妙！
レンジでピクルス！

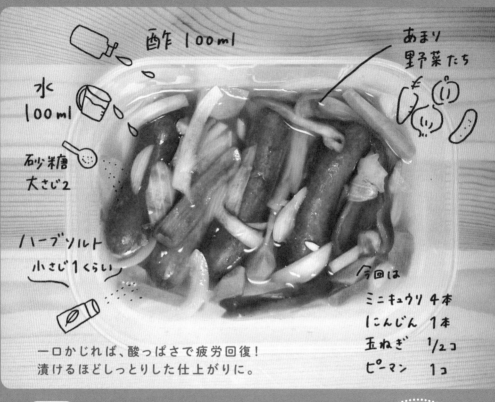

酢 100ml

あまり野菜たち

水 100ml

砂糖 大さじ2

ハーブソルト 小さじ1くらい

今回は

ミニキュウリ　4本
にんじん　　　1本
玉ねぎ　　　　1/2コ
ピーマン　　　1コ

一口かじれば、酸っぱさで疲労回復！
漬けるほどしっとりした仕上がりに。

作り方

1 耐熱の器に調味料を入れ、ふんわりラップをし、レンジ（600W）で1分加熱する。

2 好みの野菜を漬ける。半日～おく。

上記の分量
¥180
226 kcal

Q ピクルス液は繰り返し使える？
A 再加熱すると、味が薄くなりません。

ヘルシーな朝食やランチに！

ピクルス
アレンジ
アボカドとピクルスのトースト

カリッと焼いた
トースト
（今回は黒パンで）

ピクルス

アボカド

アボカドの
まろやかさと、
ピクルスの
シャキッとすっぱさが
とっても◎

野菜を豪快に食べられるオープンサンド。
ねっとりしたアボカドを組み合わせるのがミソ。

作り方

トーストしたパンの上に、
ピクルスとアボカドをのせる。

玉ねぎときゅうりは
ぜひ入れたい!!

1人分

¥88

220 kcal

121

調理法別インデックス

加熱なし！

お湯注ぐだけ

電子レンジ

しあわせフレンチトースト

6枚切り
食パン
1枚
12等分にする

卵
1コ

牛乳
大さじ4
60ml

砂糖
大さじ1

本書はこれ以外すべてフライパンを使わずに作れますが、
ふわふわこんがりを味わうために、これだけ許してください…。
いつだってフレンチトーストは、私たちを幸せにしてくれる！

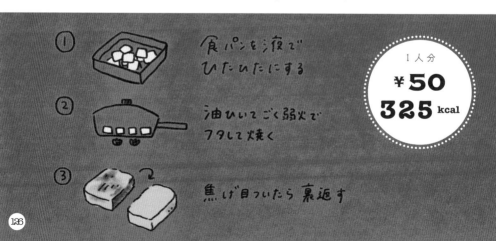

① 食パンを液で
ひたひたにする

② 油ひいてごく弱火で
フタして焼く

③ 焦げ目ついたら裏返す

1人分
¥50
325 kcal

おわりに

本書を手にとっていただき、ありがとうございました。

今日はこれを作ってみようかなと、
メニューを決めるアイデアになったり、
こんなんでも自炊って言えるなら今日はコンビニじゃなくて
家で自炊してみようかなと勇気の種になれたらうれしいです。

私はお金がないのですが、趣味が散歩やイオンモール巡りや
金曜日のアイスで、好きな飲み物は白湯なおかげで、
お金がなくても楽しく健康に生きています。

「しあわせフレンチトースト」を食べているとき、
お金を貯めて、どきどきしながら行くホテルのいちごビュッフェも
いいけれど、1枚20円の食パンの自家製フレンチトーストも
立派な一つのしあわせだなって、
口の中をふわふわさせながら思っていました。

一人暮らしの小さいキッチンでやりくりする人も、
家族にごはんを作るお母さんお父さんも、
実家暮らしだけどこれから料理をはじめてみようかなという人も、
それぞれの忙しくて愛しくてかけがえのない毎日を
「食べる」ことからしあわせになれますように。

もち
mochi

1995年生まれ（24歳）。寮で一人暮らし。
2018年から始めた、温かみのあるイラストで解説する
「おえかきレシピ」がインスタグラムで20～30代女性の注目を集め、
フォロワー10万人突破（2020年6月1日現在）。
会社員として忙しく働きながら、自炊を楽しく続けていくべく
「楽・安い・ヘルシー＞おいしい＞＞見た目」をモットーに
ゆるく楽しいアイデアやレシピを日々発信中。

装　　丁　　坂川朱音

本文デザイン　坂川朱音＋田中斐子（朱猫堂）

撮　　影　　中島慶子（マガジンハウス）

＊料理は著者撮影

見たまんま作れる！
もちのおえかきレシピ
2020年6月25日　第1刷発行

著　者　　もち
発行者　　鉄尾周一
発行所　　株式会社マガジンハウス
　　　　　〒104-8003 東京都中央区銀座3-13-10
　　　　　書籍編集部 ☎03-3545-7030
　　　　　受注センター☎049-275-1811

印刷・製本　　株式会社光邦

マガジンハウスのホームページ　http://magazineworld.jp/